Arne Mahler

Diversity Management. Das familienfreundliche Krankenhaus

Arbeitszeiten, Teilzeitarbeit und Elternzeit in der Pflege

GRIN Verlag

Bibliografische Information der Deutschen Nationalbibliothek:

Die Deutsche Bibliothek verzeichnet diese Publikation in der Deutschen National-
bibliografie; detaillierte bibliografische Daten sind im Internet über http://dnb.d-
nb.de/ abrufbar.

Impressum:

Copyright © 2007 GRIN Verlag GmbH
Druck und Bindung: Books on Demand GmbH, Norderstedt Germany
ISBN: 978-3-638-88927-8

Dieses Buch bei GRIN:

http://www.grin.com/de/e-book/81821/diversity-management-das-familienfreund-
liche-krankenhaus

GRIN - Your knowledge has value

Der GRIN Verlag publiziert seit 1998 wissenschaftliche Arbeiten von Studenten, Hochschullehrern und anderen Akademikern als eBook und gedrucktes Buch. Die Verlagswebsite www.grin.com ist die ideale Plattform zur Veröffentlichung von Hausarbeiten, Abschlussarbeiten, wissenschaftlichen Aufsätzen, Dissertationen und Fachbüchern.

Besuchen Sie uns im Internet:

http://www.grin.com/

http://www.facebook.com/grincom

http://www.twitter.com/grin_com

Hochschule Bremen
International Graduate Center
International Master in Health and Social Care Management

Diversity Management: Das familienfreundliche Krankenhaus – Arbeitszeiten, Teilzeitarbeit und Elternzeit in der Pflege

Essay zum Referat

Gekürzte Fassung

Modul: Diversity Management
SS 2007

Vorgelegt von:
Arne Mahler

Inhalt

1 Einleitung

Diversity Management nimmt sich dem Phänomen Vielfalt aus betriebswirtschaftlicher Perspektive an und versucht die personelle Vielfalt im Unternehmen zum eigenen Vorteil zu fördern und zu nutzen. Vielfalt meint die zahlreichen Unterschiede, Ungleichheiten und Verschiedenartigkeiten der Menschen und somit jede Person zu einem Individuum bzw. jede Gruppe individuell macht (Finke, 2006). Vielfalt kann hierbei die Kultur, die Religion, das Geschlecht, die sexuelle Orientierung, die Lebensweise, der Lebenssituation, der Lebensstil, die Bildung, die Rasse, die Herkunft, das Alter, etc. aber auch Aspekte von z.b. Gesundheit, Behinderung, Stil, Lebensphilosophie, Politik, Interessen oder Haltungen sein.

In der Gesellschaft ist die Vielfalt gegeben. Teilweise wird die Vielfalt in Subkulturen gelebt oder sieht sich mit Repressalien konfrontiert. Das Straßenbild wird von Vielfalt geprägt. Jeden Tag wird jede Person mit Vielfalt konfrontiert. Das geschieht auch am Arbeitsplatz.

Diversity Management nimmt in der Welt des betrieblichen Managements, also auch in der Fachliteratur, einen immer größeren Raum ein. In der deutschen Fachliteratur ist das Thema als solches allerdings noch sehr wenig verbreitet. In den bekannten Lehrbüchern des Managements finden sich meist keine Angaben oder sie werden nur am Rande erwähnt. In den Werken zum Krankenhaus- und Pflegemanagement wird es gar nicht benannt. Selbst unter den Schlagworten Personalplanung, -wirtschaft, - bindung, -zufriedenheit oder –führung werden keine Hinweise auf Diversity bzw. Vielfalt oder Individualität, Ungleichheit und Unterschiedlichkeit gegeben. Dennoch gewinnt das Thema in der Praxis immer mehr an Relevanz (Wächter, 2003).

Das Referat, das dieser Ausarbeitung zu Grunde liegt, befasst sich nun mit Diversity Management im Krankenhaus. Dabei soll der Schwerpunkt auf Familienfreundlichkeit gelegt werden. Das Referat widmet sich der Fragestellung, wie Familienfreundlichkeit im Krankenhaus als Anteil eines Diversity Managements unter der besonderen Berücksichtigung von Arbeitszeiten, Teilzeitarbeit und Elternzeit gestaltet werden könnte. Dabei sollen eigene berufliche Erfahrungen als Reflexionsansatz dienen.

2 Diversity Management im Krankenhaus

In diesem Kapitel soll ein kurzer Überblick geschaffen werden, was Diversity Management im Krankenhaus bedeuten kann.

2.1 Vielfalt nutzen und managen

In Krankenhäusern finden sich sehr viele Angestellte unterschiedlichster Berufsgruppen mit verschiedenartigen Berufskulturen und –traditionen sowie Bildungshintergründen. Gerade im Gesundheitswesen arbeiten zudem sehr viele Personen unterschiedlicher Nationalität, Herkunft und Rasse sowie verschiedener sexueller Orientierung und Lebensweise, -situation oder -stile. Des Weiteren finden sich alle Altersgruppen des Berufslebens wie auch Menschen mit Behinderungen und einschränkenden Lebensbedingungen. Dies betrifft sowohl das Personal wie auch Patientinnen und Patienten.

Unter dem Gender-Aspekt bleibt festzuhalten, dass die Berufe im Gesundheitswesen zumeist sogenannte typische Frauenberufe sind. Das beinhaltet einerseits bildungspolitische Aspekte (Ausbildungen außerhalb des dualen Berufsbildungssystems ohne akademischen Grad). Andererseits besteht in der BRD immer noch eine bestimmte Frauenrolle in Beruf und Gesellschaft, die diverse Vor- oder Nachteile bzw. Aufgaben und Vorstellungen mit sich bringt.

Die Vielfalt, die sich im Krankenhaus darstellt kann vom Unternehmen genutzt werden. Im Sinne eines Diversity Managements werden Ressourcen, die sich aus dieser Vielfalt ergeben, für den Betrieb gewinnbringend genutzt, bewusst eingesetzt und gefördert (Finke, 2005). Dazu muss diese Vielfalt mit ihren Ressourcen allerdings auch bewusst sowie gezielt gemanaged und gesteuert werden. Daraus lassen sich aber betriebswirtschaftliche Vorteile entwickeln (Palm, 2006; Becker und Seidel, 2006).

2.2 Human Resources, Work-Life-Balance und Arbeitszufriedenheit

Im Zusammenhang mit Diversity Management stehen die Beachtung der Förderung von Aspekten wie Human Resources (Personalvermögen), Work-Life-Balance und Arbeitszufriedenheit der Mitarbeiter und Mitarbeiterinnen. Aufgrund der individuellen Lebenssituation, Interessen, usw. hat jede bzw. jeder Angestellte auch neben der Arbeit

3

andere Verpflichtungen, Bedürfnisse, Ressourcen, etc. so dass zum Nutzen des Betriebes auch hierbei die Individualität der Angestellten berücksichtigt werden sollte, Die Leistungsfähigkeit, das Engagement, das Wohlbefinden und die Arbeitszufriedenheit können vom Unternehmen nur genutzt werden, wenn sie im Einklang mit den Bedürfnissen und Interessen der einzelnen Angestellten stehen (Bröckermann, 2007; Fischer, 2006; Badura et al, 2005; Wenderlein, 2005).

2.3 Familienfreundlichkeit

Gerade in sogenannten typischen Frauenberufen sind die familiären Strukturen mit dem Arbeitsplatz eng verknüpft, da zumeist die Mütter den Part der Erziehung und der Haushaltsführung in der Familie übernehmen. Mütter haben daher oft die doppelte Belastung von Haushalt, Kindern und Arbeit. Dies gilt auch für pflegende Angehörige, die zumeist auch weiblich sind (Beruf und Familie, 2007; Bundesministerium für Familie, Senioren, Frauen und Jugend, 2005).

Familienfreundlichkeit im Betrieb stößt auf einige Probleme, da ledige Angestellte mobiler, billiger, flexibler, etc. sind. Allerdings sind Angestellte, die in fester Partnerschaft leben und familiäre Verpflichtungen haben besser an das Unternehmen zu binden. Eltern dagegen nutzen zeitweise die Kinderkrankentage.

Familienfreundlichkeit bezieht sich hier auf den Aspekt von Flexibilität und Ermöglichung von individuellen familienorientierten Strukturen und Bedingungen, so dass die Familienmütter und –väter ihre Arbeitsgestaltung möglichst flexibel ihren familiären Bedürfnissen angleichen können. In der Praxis bedeutet dies, gemeinsam Wege und Vereinbarungen zu finden, die beiden Seiten gerecht werden, anstatt Vorgaben und Anordnungen zu treffen, also miteinander und nicht gegeneinander zu agieren. Damit sollen unnötige Belastungen und vermeidbarer Stress verhindert werden. Diese Maßnahme bewirkt betriebswirtschaftliche Vorteile für das Unternehmen und sind ein Wettbewerbsfaktor (Gerlach et al, 2007; Bundesministerium für Familie, Senioren, Frauen und Jugend, 2005; 2001).

Allerdings sind Effekte der Familienfreundlichkeit schwere erfassbar, da sie erst verzögert einsetzen, nicht allein auf diese Maßnahmen zurückführbar sind und es Probleme der

Messung gibt (Juncke, 2005). Dennoch sind höhere Zufriedenheit, bessere Belastbarkeit und Leistungsfähigkeit sowie geringere Ausfallsquote nachgewiesen und es zeigen sich vielfache Potentiale (Gerlach et al, 2007; Dilger, 2007).

3 Das familienfreundliche Krankenhaus

In diesem Kapitel sollen Einflussmöglichkeiten eines familienfreundlichen Krankenhauses aufgezeigt werden.

3.1 Familienmütter und –väter

In Krankenhäusern gibt es, wie in anderen Unternehmen auch, sehr viele Mütter und Väter. Durch die überwiegend weiblichen Angestellten überwiegt die Anzahl der Mütter. Mütter arbeiten oft in Teilzeit, um den Familienbedürfnissen gerecht werden zu können. Allerdings sind viele Väter und Mütter in Kliniken miteinander liiert und müssen daher ihre Arbeitszeiten koordinieren. Hier entsteht oft ein Arbeit-Familien-Konflikt aufgrund bestehender Strukturen in der Pflege bzw. Krankenhaus o.ä. (Simon et al, 2005).

3.2 Familienfreundliche Arbeitszeiten

Familienfreundliche Arbeitszeiten zeichnen sich dadurch aus, dass sie den Bedürfnissen der Familie weitestgehend gerecht werden. Es sollten demnach keine Vorgaben und einheitlichen Vorschriften erfolgen, sondern individuelle Lösungen gesucht und gemeinsam erprobt werden.

Die Arbeitszeiten im Krankenhaus sind durch Wechselschichtdienste, Wochenendarbeit, Feiertagsarbeit, etc. gekennzeichnet. Sie gelten daher als familienfeindlich und gesundheitsschädlich (Simon et al, 2005). Studien zeigen, dass die Dienstplangestaltung oft wider der familiären Bedürfnisse erfolgt, dies allein aber nicht an den Dienstzeiten liegt, sondern an der Umsetzung von Wünschen des Managements. Dies fördert Arbeitsunzufriedenheit und den Wunsch nach Berufsausstieg (Oginska et al, 2005).

3.3 Familienfreundliche Teilzeitarbeit

Viele Elternteile, insbesondere Mütter, arbeiten in Teilzeit, eben weil sie Kinder haben und doppelten Belastungen und Verpflichtungen ausgesetzt sind. Sie sind damit auch bestimmten familiären Strukturen der Kinderbetreuung (Kindergruppe, Kindergarten, Omas, Partner/in, etc.) unterworfen. Damit sind sie auf Arbeitszeiten angewiesen, die sich mit diesen Strukturen vereinbaren lassen. Dementsprechend sollte auch hier eine weitestgehende Flexibilität herrschen, um den individuellen Bedarfen der Familie gerecht werden zu können. Das bedeutet z.b., dass eine Teilzeitkraft täglich für einige Stunden kommt, wobei auch hier zeitliche Variabilität möglich sein sollte, die andere aber lieber volle Stundenzahl am Tag und nur einige wenige Tage pro Woche arbeitet (Bundesanstalt für Arbeitsschutz und Arbeitsmedizin, 2006).

3.4 Elternzeit

Wenn ein Kind geboren wird, erleben Familien besondere Belastungen. Familienfreundlichkeit kann sich darin äußern, die Familie dabei zu unterstützen, neue Regelungen zur Vereinbarkeit von Familie und Beruf zu finden. Dies kann z.b. Teilzeitarbeit im Rahmen der Elternzeit sein oder es können andere Arbeitszeiten vereinbart werden.

4 Erfahrungen als Stationspflegeleiter im Krankenhaus

In diesem Kapitel sollen persönliche Erfahrungen am eigenen Arbeitsplatz zum Stand der Umsetzung der Familienfreundlichkeit im Krankenhaus exemplarisch reflektiert werden.

4.1 Auditverfahren Familie und Beruf

Das Klinikum besitzt das Grundzertifikat des Auditverfahrens Familie und Beruf der Hertie-Stiftung (Hertie-Stiftung, o.J.). Hierzu wurden auch einige Aktionen gestartet. Es gab eine Fachtagung zum Thema Vereinbarkeit von Familie und Beruf. Außerdem wurde ein zwei wöchiges Kinderbetreuungsangebot in den Sommerferien gestartet.

- Gekürzt, da sehr subjektive und betriebsinterne Erfahrungen geschildert wurden -

4.2 Arbeitszeitenmodelle in der Pflege

Es wurden neue Arbeitszeiten für Teilzeitkräfte eingeführt und der sogenannte Kerndienst wird gefördert. Allerdings war dies mit der Forderung verbunden, dass Teilzeitkräfte auch Teilzeit arbeiten sollen, also täglich. Zudem müssten Eltern somit teilweise auf Wechselschichtzulagen verzichten, da sie die tariflichen Anforderungen nicht mehr unbedingt erfüllen. Zugleich wurde die Flexibilität erwartet, spontan bei Ausfällen einen vollen Dienst zu leisten. Die gewonnene Flexibilität wurde also für einige Eltern durch die Forderung nach Flexibilität, anderen unflexiblen Strukturen und evtl. finanziellen Einkommensverlusten sowie evtl. höherem Organisationsbedarf zur täglichen Kinderbetreuung und Zeit- wie auch Geldaufwand für mehr Fahrtzeiten wieder getrübt. Betriebliche Interessen, Teilzeitkräfte flexibel einsetzen zu können und Kostenminimierung überwogen demnach gegenüber der vorgegebenen Familienfreundlichkeit.

5 Erfahrungen als Vater im Krankenhaus

Hier sollen kurz eigene Erfahrungen als Vater im Krankenhaus eingebracht werden. Dies sind sehr subjektive Eindrücke.

Es ist immer noch wenig verbreitet, dass Väter Elternzeit beanspruchen. So wurde es auch mit Irritation aufgenommen, als ich sehr frühzeitig den Wunsch ankündigte, im Rahmen der Elternzeit die Arbeitszeit für ein Jahr auf dreißig Stunden pro Woche zu verringern. Als sich aufgrund veränderter Gesetze herausstellte, dass es günstiger ist, wenn ich als Besserverdiener Vollzeit in Elternzeit gehe….

-   Gekürzt, da sehr subjektive und betriebsinterne Erfahrungen geschildert wurden -

6 Ausblick

Die Erfahrungen zeigen, dass zumindest am Exempel die Umsetzung von Familienfreundlichkeit noch nicht wirklich gelingt. Es mangelt scheinbar an der entsprechenden verinnerlichten Haltung und Philosophie des Managements. Es ist ein langwieriger Prozess solche Ideen und Haltungen zu internalisieren und im Alltag zu implementieren.

Die *Ist-Analyse* ergibt, dass es erste gute Ansätze gibt, die wirkliche Umsetzung aber noch sehr entwicklungsbedürftig ist und Vorteile der Familienfreundlichkeit noch zu wenig gesehen und genutzt werden. Der betriebswirtschaftliche Faktor und der Wettbewerbsvorteil werden noch ungenügend eingesetzt. Die Mitarbeiterzufriedenheit und die betriebsinteressen sind bislang ungenügend in Einklang gebracht.

Als *Ziel* für das familienfreundliche Krankenhaus wäre denkbar, dass alle festen Strukturen in Frage gestellt werden und die Angestellten jeweils nach ihren Wünschen, Interessen und Bedarfen befragt werden. So könnten gemeinsame Anstrengungen unternommen werden, das beste Modell für jeden individuellen Fall bzw. jede Situation zu finden. Als Grundhaltung und Managementphilosophie gilt dabei das Bestreben, alles Notwendige möglich zu machen, damit eine win-win-Situation gelingt. Desweiteren sollten Diversity Management und speziell die Familienfreundlichkeit als Maxime der Unternehmensphilosophie gelten und z.b. im Leitbild beschrieben werden.

Interventionen zur Implementation dazu können einmal Informationen über betriebliche Möglichkeiten, Fortbildungen der Leitungskräfte, Leitlinien und ein Handbuch sein. Zusätzlich sollten Plakate o.ä. die Angestellten regelmäßig an das familienfreundliche Unternehmen erinnern.

Zur *Evaluation* könnten Mitarbeiterbefragungen, Prüfung der Ausfallzeiten, Belastungen, Arbeitszufriedenheit, usw. erfolgen. Die Befragungen könnten auch weitere Vorschläge und Wünsche zur Weiterentwicklung und Verbesserung des Systems hervorbringen.

Die *Kosten*, die investiert werden, müssten sich laut empirischer Ergebnisse auf längere Sicht durch Arbeitszufriedenheit, Leistungsfähigkeit und geringerer Ausfallsquote amortisieren.

7 Abschluss

Anhand dieses Beispiels lässt sich deuten, dass es in Krankenhäusern noch viele Entwicklungspotenziale zur Familienfreundlichkeit und damit nachgewiesener Weise auch zur Betriebswirtschaftlichkeit gibt.

Des Weiteren lässt sich vermuten, dass dann auch andere Aspekte und Vorteile eines Diversity Managements nicht ausreichend genutzt werden. Somit kann gedeutet werden, dass weder das Wohl der Mitarbeiter noch des Betriebes derzeit voll ausgeschöpft werden.

In diesem Zusammenhang soll erwähnt werden, dass durch ein Diversity Management die Humanressourcen bzw. das Humanvermögen des Unternehmens vorteilhaft genutzt werden können. Im Zusammenhang mit einem Human Resource Management kann ein Diversity Management also sehr viele Vorteile und einen Wettberwerbsvorsprung emöglichen. Dazu müssten aber Diversity und Human Resource Management als Unternehmenspolitik und Managementhaltung umfassend und bewusst gelebt, gesteuert, geplant und umgesetzt werden.

8 Literatur

Badura, B., Schellschmidt, H., Vetter, Ch. (Hrsg.) (2004) *Fehlzeitenreport 2003.* *Wettbewerbsfaktor „Work-Life-Balance"-betriebliche Strategien zur Vereinbarkeit von Beruf, Familie und Privatleben.* Berlin, Springer.

Becker, M.; Seidel, A. (2006) *Diversity Management: Unternehmens- und Personalpolitik der Vielfalt.* Stuttgart: Schäffer-Poeschel.

Beruf und Familie gGmbH (2007) Eltern pflegen. So können Arbeitgeber Beschäftigte mit zu pflegenden Angehörigen unterstützen . Vorteile einer familienbewussten Personalpolitik. Frankfurt a.M..

Bundesanstalt für Arbeitsschutz und Arbeitsmedizin (2006) Teilzeitarbeit im Dienstleistungsbereich – Strategien und Handlungsfelder in den Branchen Einzelhandel, Gesundheitswesen sowie Hotel- und Gaststättengewerbe. Dortmund.

Bundesministerium für Familie, Senioren, Frauen und Jugend (2005) *Betriebswirtschaftliche Effekte familienfreundlicher Maßnahmen.* Berlin.

Bundesministerium für Familie, Senioren, Frauen und Jugend (2001) *Familienfreundliche Maßnahmen im Betrieb.* Berlin.

Bröckermann, R. (2007) *Personalwirtschaft. Lehr- und Übungsbuch für Human Resource Management.* 4. Aufl. Stuttgart, Shäffer-Poeschel.

Dilger, A. (2007) *Betriebliche Familienpolitik.* Wiesbaden, VS-Verlag.

Finke, M. (2006) *Diversity Management. Förderung und Nutzung personeller Vielfalt in Unternehmen.* München, Rainer Hampp Verlag.

Fischer, L. (2006) *Arbeitszufriedenheit. Konzepte und empirische Befunde.* 2. Aufl. Göttingen, Hogrefe.

Gerlach, I.; Schneider, H.; Juncke, D. (2007) *Betriebliche Familienpolitik in auditierten Unternehmen und Institutionen.* Forschungszentrum Familienbewusste Personalpolitik.

Hertie-Stiftung (o.j.) *Broschüre Audit Beruf und Familie.* www.beruf-und familie.de

Juncke, D. (2005) *Betriebswirtschaftliche Effekte familienbewusster Personalpolitik: Forschungsstand.* Forschungszentrum Familienbewusste Personalpolitik.

Oginska, H.; Camerino, D.; Estryn-Behar, M.; Pokorsky, J.; NEXT-Studiengruppe (2005) Arbeitszeitgestaltung in der Pflege in Europa . In: *Berufsausstieg bei Pflegepersonal.* Bundesanstalt für Arbeitsschutz und Arbeitsmedizin. Dortmund, Wirtschaftsverlag NW. S. 88-94.

Palm, S. (2006) *Diversity Management; Vielfalt als Schlüssel zum Unternehmenserfolg.* Saarbrücken, VDM.

Simon, M.; Hasselhor, H.-M.; NEXT-Studiengruppe (2005) Vereinbarkeit von Arbeit und Familie im Pflegeberuf in Europa. In: *Berufsausstieg bei Pflegepersonal.* Bundesanstalt für Arbeitsschutz und Arbeitsmedizin. Dortmund, Wirtschaftsverlag NW. S. 82-87.

Wächter, H. (2003) Personelle Vielfalt in Organisationen. München, Hampp.

Wenderlein, F. U. (2005) *Arbeitszufriedenheit und Fehlzeiten bei Pflegekräften.* Melsungen, Bibliomed.